LA MÈRE
MARIE DE JÉSUS

Mère fondatrice des Petites Sœurs de l'Assomption

NOTICE TIRÉE DU *Pèlerin*, ANNÉE 1885

LYON
IMPRIMERIE A. WALTENER & Cie
14, rue Belle-Cordière, 14
1888

LA MÈRE MARIE DE JÉSUS

LA MÈRE

MARIE DE JÉSUS

Mère fondatrice des Petites Sœurs de l'Assomption

NOTICE TIRÉE DU *Pèlerin*, ANNÉE 1885

LYON
IMPRIMERIE A. WALTENER & Cie
14, rue Belle-Cordière, 14

1888

LA MÈRE

MARIE DE JÉSUS

FONDATRICE DES PETITES-SŒURS
DE L'ASSOMPTION

Le 18 septembre 1883, s'éteignait doucement, à Paris, après une vie d'abnégation et de labeur, la mère Marie de Jésus, fondatrice des petites-sœurs de l'Assomption, garde-malades des pauvres à domicile. Prévenue, dès l'âge le plus tendre, de ces grâces de choix que Notre-Seigneur n'accorde qu'aux âmes privilégiées Antoinette Fage (c'est le nom que portait dans le monde, mère Marie de Jésus) donnait des signes de cette piété vive, simple, confiante, qui attira sur elle les faveurs du ciel. A cinq ans, préludant déjà aux œuvres d'apostolat qu'elle devait exercer plus tard, elle réunissait autour d'elle ses petites compagnes, et après leur avoir recommandé dans des exhortations d'une touchante naïveté de bien aimer le bon Dieu, elle leur apprenait à chanter tout ce qu'elle avait pu retenir de cantiques. Aimer Dieu et le faire aimer était la grande préoccupation de l'enfant à peine capable de balbutier quelques prières ; ce devait être, plus tard, la seule de sa vie.

Notre-Seigneur, pour mieux la préparer à la mission qu'il lui réservait, ne lui ménagea ni les épreuves, ni les souffrances. A l'âge de douze ans, Antoinette perdit avec sa mère tout ce qui lui restait sur la terre, et elle fut recueillie par des personnes généreuses qui ne la laissèrent pas manquer de pain, mais chez lesquelles il lui fut impossible de retrouver ces attentions délicates que le cœur d'une mère a seul le don de suggérer. Aussi le souvenir de l'isolement qui lui avait causé tant de peine pendant les plus belles années de sa jeunesse resta-t-il profondément gravé dans son âme, et plus tard, la seule vue des orphelins, en lui rappelant ses propres tristesses, la remplissait d'une vive compassion pour ces pauvres enfants auprès desquels elle s'efforçait de remplacer la mère qu'ils avaient perdue.

Pendant près de vingt ans, Mlle Fage, obligée de se suffire à elle-même, mena une vie laborieuse, gagnant par son intelligence, son activité, son caractère aimable et enjouée l'affection de toutes les personnes qui l'approchaient. N'ayant pour toute fortune que l'argent que lui procurait son travail, elle savait dans sa charité toujours ingénieuse trouver des ressources inattendues pour porter secours aux pauvres, qui ne l'imploraient jamais en vain. Les jeunes femmes tombées dans la misère étaient l'objet de sa sollicitude, et sa main leur venait discrètement en aide au moment où il s'agissait de payer le loyer ; la vue des jeunes filles qui se laissent entraîner par les séductions de la capitale, remplissait son cœur d'amertume, et elle ne reculait devant aucun sacrifice pour sauver ces pauvres enfants du déshonneur.

Mais Dieu, qui prédestinait Antoinette Fage à une mission plus haute, permit que, sous la direction des pères dominicains, elle put se dévouer exclusivement aux œuvres de charité. Pendant, plusieurs années, elle s'occupa avec fruit d'un orphelinat dont on lui avait confié la direction. Elle était là, quand, à la suite de circonstances providentielles, elle fut mise en rapport avec les pères de l'Assomption, et les qualités éminentes qui brillaient en elle ne tardèrent pas à la désigner pour remplir la charge de supérieure des petites-sœurs-garde-malades des pauvres à domicile.

S'inspirant des idées qu'avait fait germer dans son âme le fondateur de la famille de l'Assomption, un des enfants du père d'Alzon avait conçu le dessein de venir en aide à la famille ouvrière tombée, en ce siècle de libéralisme et de fausse indépendance, dans le plus complet abandon. Délaissé au moment de la maladie, l'ouvrier était réduit à souffrir en silence, sans que personne daignât s'occuper de lui, et il ne lui restait plus que la suprême ressource de l'hôpital. A cette époque, l'hôpital n'était pas encore laïcisé, et, grâce aux soins des sœurs de charité, grâce à la vigilance des aumôniers, on pouvait espérer que les secours religieux ne lui manqueraient pas. Mais l'hôpital, par les séparations qu'il impose, inspire en général une sorte de répulsion que la nécessité seule pouvait faire surmonter;

d'autre part, les hospices, si nombreux et si peuplés qu'ils fussent, n'en demeuraient pas moins insuffisants. Aussi beaucoup d'ouvriers malades se trouvaient-ils dans le plus complet dénûment, au milieu d'une famille impuissante à calmer les souffrances que son anxiété ne faisait que raviver. Privé des lumières de la foi, que lui cachaient trop souvent des préjugés hostiles à la religion, l'ouvrier des grandes villes refusait de recevoir le prêtre à son chevet et il mourait sans repentir comme sans espérance, après avoir subi les tourments d'un damné. Il fallait à tout prix sauver ces âmes délaissées. A l'exemple de Jean-Baptiste le Précurseur, les Petites-Sœurs de l'Assomption devaient préparer toutes les voies et conduire la famille du pauvre jusqu'aux pieds de Notre-Seigneur.

Fondées exclusivement pour les pauvres, les Petites-Sœurs n'ont pas même la faculté d'aller soigner gratuitement les riches, et il leur est défendu d'accepter quoi que ce soit pour prix de leurs soins, ne fût-ce qu'un verre d'eau. Ne recevant rien, les sœurs conservent auprès du malade toute leur indépendance et toute leur influence et, grâce aux soins empressés dont elles l'entourent, elles parviennent facilement, en gagnant son cœur, à le gagner lui-même à Dieu. Dire les conversions opérées, les mariages réhabilités, les abjurations préparées ; compter les enfants baptisés, grâce aux instances des sœurs, serait fort au-dessus de notre tâche ; nous ne suffirions pas même à raconter les premières communions et les confirmations obtenues, depuis la première jeunesse jusqu'à soixante-dix et quatre-vingts ans.

Mais, à ses débuts, la communauté naissante n'avait pas encore fait ses preuves et, sans ressources, sans appui sans crédit, elle avait à lutter contre l'indifférence et les contradictions. La plupart des personnes auxquelles on s'adressait, refusaient de croire à l'avenir d'une œuvre que la sagesse du siècle condamnait par avance, et l'on n'hésitait pas à lui donner le nom de folie. Oui, c'était bien là une folie, mais une de ces folies sublimes que seule avait été capable d'inspirer la folie de la croix.

Sans se laisser décourager par les obstacles de toute nature qui se dressaient devant elle, la mère Marie de Jésus prit d'une main ferme la direction de la petite communauté, qui avait trouvé un asile rue Saint-Dominique. Le modeste appartement de la rue Saint-Dominique était loin de présenter l'aspect imposant de ces vieilles abbayes dont les ruines suffisent à exciter l'admiration. L'oratoire, orné proprement mais sans luxe, la salle de communauté, le réfectoire, le dortoir, la petite pièce qui servait de parloir, formaient à peu près l'ensemble de la maison. Sous le rapport de l'ameublement, on était plus mal partagé encore. Six vieilles chaises, que l'on transportait tour à tour de la salle de communauté au réfectoire, et du réfectoire au parloir, constituaient, avec une ou deux casseroles, presque hors d'usage, deux tables boîteuses que l'on avait beaucoup de peine à maintenir en équilibre et une armoire sans fermeture, toute la richesse mobilière de la maison. Quant à la nourriture, les sœurs n'en avaient nulle préoccupation ; confiantes en la promesse du divin Maître, elles attendaient patiemment que le ciel leur envoyât le pain de chaque jour. Plus d'une fois, Dieu voulut éprouver ses enfants en paraissant demeurer sourd à leurs prières, et la mère Marie de Jésus dut pourvoir à la subsistance d'une communauté de huit à dix personnes avec dix, douze ou quinze sous, la seule réserve qui formât le fond de caisse de la maison.

Au milieu de ce dénûment absolu, la mère Marie de Jésus trouvait le moyen de prélever sur son indigence les aumônes, relativement considérables, qu'elle distribuait aux malheureux qui venaient lui demander du pain. Dès les débuts de la fondation, les sœurs, souvent réduites à aller chercher aux fourneaux économiques, avec des bons quêtés, de quoi ne pas mourir de faim, tinrent à honneur de nourrir régulièrement au moins une famille pauvre, et leur détresse, elle-même, fut impuissante à les faire jamais manquer à cette coutume qu'elles considéraient presque comme un devoir.

Une épreuve plus douloureuse encore que les angoises de la pauvreté vint fondre sur la communauté naissante. Au mois d'août 1866, une religieuse contracta, au chevet des cholériques, la terrible épidémie et la mère Marie de Jésus, atteinte, elle aussi, de ce mal qui ne pardonne presque jamais, fut obligée de s'aliter en même temps que son enfant. La maladie, qui brisait son corps débile, ne parvint pas à triompher de son énergie, et, malgré ses souffrances, la mère conserva la direction effective de la maison. S'oubliant elle-même, elle portait toutes ses préoccupations sur sa fille malade, et, quand elle comprit qu'il n'y avait plus l'espoir de la sauver, elle se fit porter auprès du lit de la mourante, et là, recueillant ce qui lui restait de forces, elle lui parla en termes pleins d'effusion et de tendresse et lui donna de sa main affaiblie une dernière bénédiction. Réconfortée par les douces paroles de sa supérieure, la sœur Marie-Denyse rendit son âme à Dieu, en offrant généreusement le sacrifice de sa vie pour la congrégation naissante, l'Assomption et l'Eglise.

Mais Dieu, qui n'avait envoyé toutes ces épreuves que pour retremper le courage de ses enfants, récompensa leur constance en leur accordant un développement inespéré. Bientôt l'appartement de la rue St-Dominique devint insuffisant; une maison louée peu après fut à son tour jugée trop petite, et il fallut chercher un emplacement offrant de l'avenir pour abriter une famille qui se multipliait. Mais comment la congrégation, qui avait peine à se procurer le pain de chaque jour, pouvait-elle songer à se procurer, à prix d'argent, une propriété relativement considérable.

Il fallait pour cela un prodige de la Providence. La mère Marie de Jésus, avait en la divine Providence une si grande confiance, que ce prodige lui semblait tout naturel; il s'accomplit.

Au jour fixé pour le premier versement, il manquait *dix mille francs*, et cependant il fallait payer de suite la somme entière, sous peine de rompre le contrat. Préoccupée, mais non inquiète, la mère Marie de Jésus se soumettait à la volonté de Dieu, lorsque le matin même du jour où l'on devait signer le contrat, son Père lui apporta un chèque d'environ *dix mille francs*, qu'un ange du ciel avait déposé entre ses mains d'une manière tout inattendue.

Du reste la mère Marie de Jésus n'avait d'autre manière de procéder que de placer en Dieu toutes ses espérances. Quel que fût le dénûment de la maison, elle n'était pas découragée, et lorsqu'on manquait de tout, alors qu'on ne pouvait compter sur aucun secours humain, elle se contentait de prier et de faire prier. Nous n'avons pas entendu dire que cette confiance ait été jamais trompée.

Au début de l'œuvre, la mère Marie de Jésus se chargeait d'aller elle-même faire la première visite chez les personnes qu'on lui désignait. Un jour, en pénétrant dans un misérable réduit, elle se trouve en présence d'une femme jeune encore, qui avait à côté d'elle un enfant souffreteux, à peine âgé de six ans. A la vue de la religieuse, la femme faisant un effort se soulève sur son grabat, et d'une voix où l'on sent percer le dépit et la colère : « Ma sœur, qui a pu vous donner notre adresse; nous n'avons pas besoin de vous.» La mère Marie de Jésus ne se laisse pas rebuter par cet accueil peu sympathique, et elle n'a pas de peine à reconnaître que la pauvre femme, qui du reste semblait avoir reçu une éducation distinguée, était tombée dans la plus affreuse misère. Le mal qui la torturait, c'était la faim. Mais comment porter remède à cette malheureuse? La mère Marie de Jésus n'avait que *cinq* sous, c'était toute la fortune de la communauté et, dans la crainte d'aller contre l'obéissance en privant ses enfants de leur dernier morceau de pain, elle reste un moment pensive. Puis, sous le coup d'une inspiration soudaine, elle prend

les cinq sous et, levant les yeux vers le ciel : « Mon doux Jésus, puisque je ne puis vous donner cet argent, je vous le prête ». Et aussitôt elle sort acheter un morceau de pain que la femme et l'enfant dévorent avidement. Elle n'était pas encore rentrée à la communauté, qu'une personne l'abordait au milieu de la rue, et lui glissait entre les mains une belle pièce de 5 francs. Notre-Seigneur avait accepté le marché, et il se hâtait de rendre avec usure l'argent que la mère lui avait prêté.

Quelques années plus tard, en présence des développements nouveaux que l'œuvre prenait tous les jours, on fonda des succursales à Paris et dans la banlieue. Mais si le nombre des religieuses augmentait, l'état de la caisse demeurait aussi précaire qu'aux premiers jours, et souvent on ne pouvait pas donner aux sœurs des fondations les objets les plus indispensables.

Au commencement d'un hiver rigoureux, la supérieure d'une nouvelle fondation vint trouver la mère Marie de Jésus qui, toujours pleine de sollicitude, demanda si l'on ne manquait de rien. « Ma mère, reprit la religieuse, il commence à faire bien froid et nos sœurs n'ont pas de couvertures. » Émue à ces paroles, la mère reprit aussitôt : « Je n'ai pas ici de couvertures en réserve, mais, je connais mes enfants et je puis affirmer sans crainte que toutes se disputeraient l'honneur de se dépouiller elles-mêmes pour donner à leurs sœurs les couvertures dont elles ont tant besoin. Allons au dortoir, et là, les yeux fermés, nous prendrons au hasard les couvertures qu'il nous faut. » La sœur essaya de faire quelques objections ; on ne l'écouta pas, et au nom de l'obéissance, elle dut accepter les couvertures demandées. La religieuse était à peine partie, qu'on sonnait à la porte du couvent. Une bienfaitrice envoyait six couvertures, Dieu ne permettait pas que, dans son ardente charité, la mère dépouillât ses enfants.

Quelques mois plus tard, le nombre toujours croissant des religieuses contraignait à transporter la maison du noviciat aux environs de Paris. Mais une fondation nouvelle fait peser de lourdes charges sur le budget d'une congrégation, et la mère Marie de Jésus se vit dans l'obligation de verser 5,000 francs du jour au lendemain. La caisse de la congrégation était loin de renfermer une somme aussi importante, et pour payer on avait été réduit à contracter un emprunt assez considérable et à dépouiller jusqu'au dernier sou l'économe de la maison. Cependant la mère avait promis de rendre visite aux novices ; elle ne crut pas que la situation critique de la communauté dût lui faire ajourner son petit voyage. Au moment de partir, se tournant vers l'assistante qui prenait la direction pendant son absence : « Faites bien prier nos enfants ; j'ai été forcée de verser 5,000 francs sans retard, j'ai dû emprunter de l'argent et notre caisse est vide ; nous n'avons pas même de quoi payer notre repas de ce soir. Je ne suis pas inquiète, mais il faut que Dieu nous vienne en aide. » L'assistante attristée revint au milieu de la communauté pensant aux angoisses qui devaient déchirer le cœur de la mère. La journée s'avançait et rien n'indiquait que Dieu eût pris en pitié la triste situation du couvent, lorsque, vers cinq heures, un père dominicain se présente ; il demandait à parler à la Supérieure générale. « Elle est absente en ce moment et elle ne reviendra pas avant quelques jours. » — « J'ai cependant absolument besoin de la voir. » — « Si vous le désirez, je vais prévenir la mère qui la remplace. » — « Oui, allez trouver la mère assistante et dites-lui que j'ai quelque chose d'important à lui communiquer. » L'assistante se rendit au parloir, ne sachant trop pourquoi un père dominicain demandait avec tant d'insistance à lui parler. A peine avait-on échangé le salut d'usage que le visiteur prenait la parole : « Ma mère, je suis chargé de vous remettre cette offrande de la part d'une personne dont je ne puis vous dévoiler le nom. Elle recommande à vos prières la conversion de son fils. » L'assistante toute saisie prit l'enveloppe qu'on lui présentait et, instinctivement, la déchira. Elle contenait cinq billets de 1,000 francs. A cette vue, elle ne put retenir un cri de joie, et se tournant vers le religieux : « O mon père, s'écria-t-elle, c'est le Ciel qui vous envoie; ce matin même notre mère me disait qu'elle était fort gênée, parce qu'elle avait été obligée de payer de suite 5,000 francs. » Le dominicain, d'abord étonné de l'exclamation que la religieuse avait laissé échapper, comprit alors le motif de cette joie qui lui avait d'abord paru inexplicable, et tout heureux d'avoir délivré cette maison des étreintes de la pauvreté, il rendit grâces à Dieu qui, dans cette circonstance, l'avait choisi pour être l'ange de ses bénédictions.

Il y avait à peine 15 ans que la mère Marie de Jésus était entrée avec sa petite famille dans le modeste appartement de la rue Saint-Dominique, que les huit premières religieuses s'étaient multipliées au point d'occuper onze maisons florissantes, et l'on se préparait à envoyer des petites sœurs à Londres et à Lyon, tandis que l'on prenait des mesures pour fonder deux nouvelles succursales dans le diocèse de Paris.

La petite sœur, fidèle à sa règle et s'inspirant de l'esprit qui l'anime, ne se contentait pas de panser les ulcères dégoûtants et de porter remède au corps malade; elle parvenait bien vite, grâce aux soins que sa charité prodiguait, à prendre un ascendant irrésistible et surnaturel non seulement sur le malade mais encore sur sa famille et sur ses voisins, et, par ses exhortations simples mais touchantes, elle ramenait l'espérance au fond des âmes que la grâce des sacrements ne tardait pas à régénérer.

Et ce n'était pas seulement sur le pauvre qu'elle exerçait sa douce influence. Les dames du monde, entraînées par son exemple, ne se contentèrent pas de l'aider de leur bourse ; elles acceptèrent, avec zèle, l'honneur de s'associer à son œuvre de dévouement en partageant les travaux de la mission. Ces dames prirent le nom de *Dames Servantes des Pauvres.*

Elles continuent à se réunir régulièrement deux fois par mois à la maison-mère.

Depuis ce moment on voit la femme du monde, habituée à la vie délicate que l'on mène dans la haute société, suivre la petite sœur au fond du pauvre réduit où elle va trouver ses malades, et là, cette dame, qui, chez elle, trouve toutes les facilités du luxe, n'hésite pas à revêtir les fausses manches et le tablier de la Petite Sœur pour devenir Petite-Sœur à son tour. Pour le pauvre et sa famille, objet de tous ces soins, c'est comme une vision du ciel, où s'accomplit tous les jours l'alliance merveilleuse de l'union, dans la charité, des deux classes extrêmes de la société.

Sans doute les Petites Sœurs obtiennent des résultats surprenants pendant la maladie, mais après leur départ, l'ouvrier sans défense et sans appui est exposé à perdre sa foi au milieu de camarades qui la combattent et la tournent en dérision. Il y avait donc à redouter des chutes, sinon des apostasies nouvelles. Cette préocupation excitait dans le cœur des Petites-Sœurs une peine cruelle qui les poussait à demander un moyen efficace d'arrêter la nouvelle invasion du mal et de Satan au sein des familles converties. De là est née la pensée de la Fraternité de N. D. du Salut. Cette fraternité se propose la régénération chrétienne de la famille de l'ouvrier par l'association des pères de famille. Elle fut accueillie avec enthousiasme par la mère Marie de Jésus dont l'intelligence élevée en avait saisi toute la portée, comme son cœur en avait pressenti les fruits heureux. Elle assistait à toutes les réunions qui se tenaient à Grenelle, et les frères, réconfortés par sa présence, l'appelaient du nom de notre mère.

La Fraternité avait pris la famille de l'ouvrier par sa tête, il restait à la prendre par le cœur. Voilà la raison d'une nouvelle association, celle des filles de sainte Monique. Les femmes de nos frères sont réunies et évangélisées à leur tour, et cette œuvre, que la mère Marie de Jésus avait si vivement désirée, prend aujourd'hui un développement inespéré.

Ces développements de la Congrégation et cette efflorescence d'œuvres qui gravitent autour d'elle, étaient comme les avant-coureurs de la fin des travaux et de la vie de celle que le Seigneur avait choisie et conduite depuis bientôt vingt ans.

Sa nature frêle et délicate succombait à la fatigue; depuis plusieurs mois les forces trahissaient son courage : son intelligence toujours aussi active, son cœur toujours aussi ardent n'avaient plus à leur service qu'un corps débile et usé. La maladie implacable qui devait la ravir à la terre pour la donner à Dieu faisait chaque jour des progrès rapides, effrayants, que l'expérience des meilleurs médecins était impuissante à arrêter. Bientôt, malgré les soins assidus, il ne fut plus permis de conserver aucun espoir.

Surmontant les appréhensions que

l'approche de la mort inspire aux âmes les plus viriles, la mère Marie de Jésus ne se faisait pas d'illusions sur son état, mais sous l'étreinte du mal elle conservait son calme et sa sérénité, et tandis que ses filles essayaient de tromper leurs alarmes en demandant à Dieu de la conserver encore quelque temps, elle disait avec un aimable sourire : « Que voulez-vous, j'ai fourni mon petit contingent. »

S'oubliant elle-même pour ne penser qu'aux autres, jusqu'à son dernier jour, elle accueillit avec bonté ceux qui se présentaient, et surmontant des douleurs cuisantes et continues, elle savait toujours trouver un mot aimable et bon, approprié au bien de la personne qui l'approchait.

Mais Dieu avait marqué le terme de ses souffrances et le 18 septembre à 6 heures du soir, la mère Marie de Jésus, après plusieurs heures d'agonie, rendait son âme à Dieu. A ce moment, l'Angelus sonnait et ses filles agenouillées autour de sa couche funèbre, répétaient cette parole qui résumait toute la vie de leur mère « Ecce ancilla Domini. »

Le compte-rendu que nous joignons à cette notice, donnera une idée du développement de l'Œuvre de la Mère Marie de Jésus, et de son fonctionnement à Paris, à Lyon et dans les autres villes où les Petites-Sœurs ont centre d'action.

L'Aumônier infatigable et très-dévoué, des Petites-Sœurs de l'Assomption de Lyon, a bien voulu accepter de donner prochainement un sermon pour faire connaître entièrement cette œuvre à laquelle il consacre sa vie, sans s'épargner.

TABLEAU DE LA MISSION

DES

PETITES-SŒURS DE L'ASSOMPTION

GARDES-MALADES DES PAUVRES A DOMICILE

Année 1887

Malades soignés	2,319	Baptêmes d'enfants & d'adultes	612
Enfants soignés	2,219	Premières Communions	229
Conversions	2,228	Confirmations	179
Communions pascales	2.306	Mariages réhabilités	431
Abjurations	47	Enfants légitimés	358

27.604 Imp. WALTENER ET Cie, rue Belle-Cordière, 14. — Lyon.

www.ingramcontent.com/pod-product-compliance
Ingram Content Group UK Ltd.
Pitfield, Milton Keynes, MK11 3LW, UK
UKHW022138260726
13993UKWH00005B/2020

9 782329 524276